+Atividades
Matemática

Linos Galdonne

1

Nome:
Turma:
Escola:
Professor:

Dados Internacionais de Catalogação na Publicação (CIP)
(Câmara Brasileira do Livro, SP, Brasil)

Galdonne, Linos
   + Atividades: matemática, 1 / Linos Galdonne. – São Paulo: Editora do Brasil, 2016.

   ISBN 978-85-10-06134-6 (aluno)
   ISBN 978-85-10-06380-7 (professor)

   1. Matemática (Ensino fundamental) 2. Matemática (Ensino fundamental) - Atividades e exercícios I. Título.

16-04264   CDD-372.7

Índices para catálogo sistemático:
1. Matemática: Ensino fundamental 372.7

© Editora do Brasil S.A., 2016
Todos os direitos reservados

Direção geral: Vicente Tortamano Avanso
Direção adjunta: Maria Lucia Kerr Cavalcante de Queiroz

Direção editorial: Cibele Mendes Curto Santos
Gerência editorial: Felipe Ramos Poletti
Supervisão editorial: Erika Caldin
Supervisão de arte, editoração e produção digital: Adelaide Carolina Cerutti
Supervisão de direitos autorais: Marilisa Bertolone Mendes
Supervisão de controle de processos editoriais: Marta Dias Portero
Supervisão de revisão: Dora Helena Feres
Consultoria de iconografia: Tempo Composto Col. de Dados Ltda.

Coordenação de edição: Valéria Elvira Prete
Edição: Edson Ferreira de Souza e Rodrigo Pessota
Assistência editorial: Andriele Carvalho
Auxílio editorial: Paola Olegário da Costa
Coordenação de revisão: Otacilio Palareti
Copidesque: Ricardo Liberal
Revisão: Maria Alice Gonçalves
Coordenação de iconografia: Léo Burgos
Pesquisa iconográfica: Adriana Vaz Abrão
Coordenação de arte: Maria Aparecida Alves
Assistência de arte: Carla Del Matto
Design gráfico: Estúdio Sintonia e Patrícia Lino
Capa: Maria Aparecida Alves
Imagem de capa: redarrow81/iStockphoto.com
Ilustrações: Eduardo Belmiro, João P. Mazzoco, Leonardo Conceição, Marco Cortez, Ronaldo Barata e Saulo Nunes Marques
Coordenação de editoração eletrônica: Abdonildo José de Lima Santos
Editoração eletrônica: Armando F. Tomiyoshi, Elbert Stein e José Anderson Campos
Licenciamentos de textos: Cinthya Utiyama, Paula Harue Tozaki e Renata Garbellini
Coordenação de produção CPE: Leila P. Jungstedt
Controle de processos editoriais: Beatriz Villanueva, Bruna Alves, Carlos Nunes e Rafael Machado

1ª edição / 5ª impressão, 2025
Impresso na Hawaii Gráfica e Editora

Avenida das Nações Unidas, 12901
Torre Oeste, 20º andar
São Paulo, SP – CEP: 04578-910
Fone: +55 11 3226-0211
www.editoradobrasil.com.br

Sumário

Primeiras noções 5
1. Comparações 6
2. O tempo 8
3. Deslocamentos, posições e mais comparações 10

Os números 13
4. Correspondências 14
5. Números: quantidades e códigos 16
6. Escrita dos números 18
7. Calendário 20
8. Números ordinais 23

Noções de geometria 25
9. Figuras geométricas 26
10. Figuras geométricas planas 30

Adição e subtração 32
11. Sequências numéricas 33
12. Mais números 36
13. Adição 39
14. Subtração 42
15. Adicionando e subtraindo 45

Geometria 48
16. Figuras geométricas não planas 49
17. Composição de figuras geométricas planas 52

Números e medidas 55
18. Agrupamentos 56
19. Grupos de dez 59
20. Noções de medidas 62

PRIMEIRAS NOÇÕES

1. COMPARAÇÕES
2. O TEMPO
3. DESLOCAMENTOS, POSIÇÕES E MAIS COMPARAÇÕES

1. COMPARAÇÕES

1 PINTE DA MESMA COR OS DESENHOS QUE TÊM FORMAS IGUAIS.

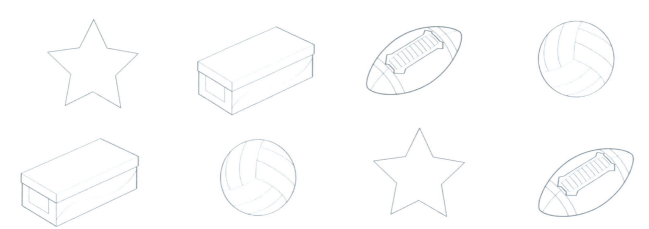

2 MARCOS É O MAIS ALTO E ANTÔNIO É O MAIS BAIXO. FAÇA UM **X** EM PEDRO.

3 PINTE DE **VERDE** O ANIMAL MAIS PESADO E DE **AMARELO** O MAIS LEVE.

4 OBSERVE ATENTAMENTE AS DUAS CENAS. MARQUE COM UM **X** AS 4 DIFERENÇAS ENTRE ELAS.

5 MARQUE COM UM **X** O QUADRINHO QUE CORRESPONDE À CAIXA DE OVOS CHEIA.

6 OBSERVE O INDICADOR DO TANQUE DE GASOLINA DE UM CARRO. ELE ESTÁ:

- [ ] CHEIO.
- [ ] QUASE CHEIO.
- [ ] VAZIO.
- [ ] QUASE VAZIO.

7 PINTE UM COPO PARA CADA SABOR DE SUCO UTILIZANDO A MESMA COR DA EMBALAGEM.

2. O TEMPO

1 OBSERVE A CENA E PINTE DE **VERMELHO** O QUADRO COM O NOME DO MÊS EM QUE ELA ACONTECE.

2 MARQUE COM UM **X** OS INSTRUMENTOS USADOS PARA MEDIR O TEMPO.

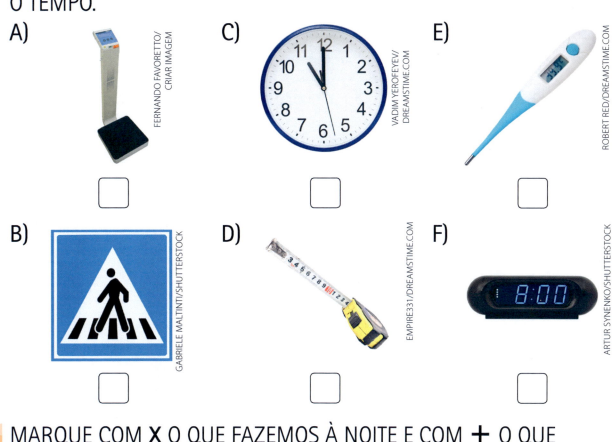

3 MARQUE COM **X** O QUE FAZEMOS À NOITE E COM **+** O QUE FAZEMOS DE DIA.

3. DESLOCAMENTOS, POSIÇÕES E MAIS COMPARAÇÕES

1 PINTE:

A) DE **VERDE** AS SETAS QUE APONTAM PARA A DIREITA;

B) DE **AZUL** AS SETAS QUE APONTAM PARA A ESQUERDA;

C) DE **ROSA** AS SETAS QUE APONTAM PARA CIMA;

D) DE **LARANJA** AS SETAS QUE APONTAM PARA BAIXO.

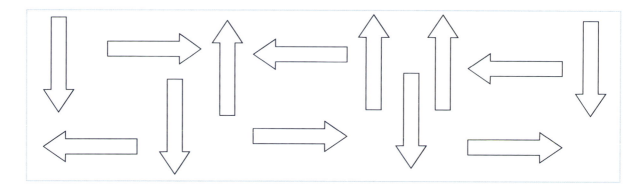

2 OBSERVE A FILA DA CANTINA. ESCREVA **F** NA CRIANÇA QUE ESTÁ NA FRENTE DE TODAS E **A** NAQUELA QUE ESTÁ ATRÁS DE TODAS.

3 PINTE DOIS CAMINHOS PARA O COELHINHO CHEGAR À CENOURA: O MAIS CURTO, DE **VERMELHO**, E O MAIS LONGO, DE **AZUL**.

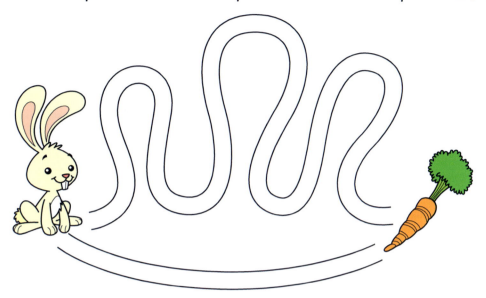

4 MARQUE COM UM **X** A CRIANÇA MAIS PERTO DA JANELA.

5 OBSERVE OS QUATRO LÁPIS DE MARCELO.

A) MARQUE COM **X** O MAIS FINO.

B) MARQUE COM **+** O MAIS GROSSO.

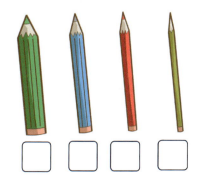

6 PINTE AS TIRAS DE ACORDO COM A LEGENDA.

TIRA MAIS LARGA   TIRA MAIS ESTREITA

7 OBSERVE AS DUAS ÁRVORES E RESPONDA ÀS QUESTÕES COM **SIM** OU **NÃO**. DEPOIS, PINTE O DESENHO.

A) A ÁRVORE MAIS ALTA É A DE TRONCO MAIS GROSSO? _____

B) A ÁRVORE MAIS BAIXA É A DE TRONCO MAIS GROSSO? _____

C) A ÁRVORE MAIS ALTA É A DE TRONCO MAIS FINO? _____

D) A ÁRVORE MAIS BAIXA É A DE TRONCO MAIS FINO? _____

OS NÚMEROS

4. CORRESPONDÊNCIAS

5. NÚMEROS: QUANTIDADES E CÓDIGOS

6. ESCRITA DOS NÚMEROS

7. CALENDÁRIO

8. NÚMEROS ORDINAIS

4. CORRESPONDÊNCIAS

1 MARQUE COM UM **X** O QUADRINHO CORRESPONDENTE AO GRUPO COM MAIS ELEMENTOS.

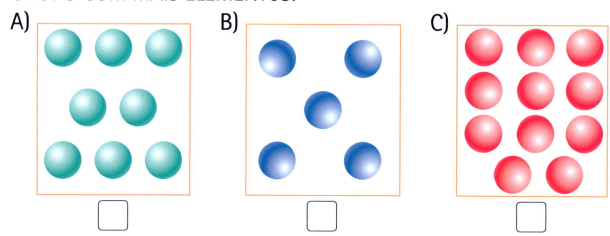

2 LIGUE CADA CADERNO A UMA CANETA. DEPOIS PINTE CADA PAR DE UMA COR.

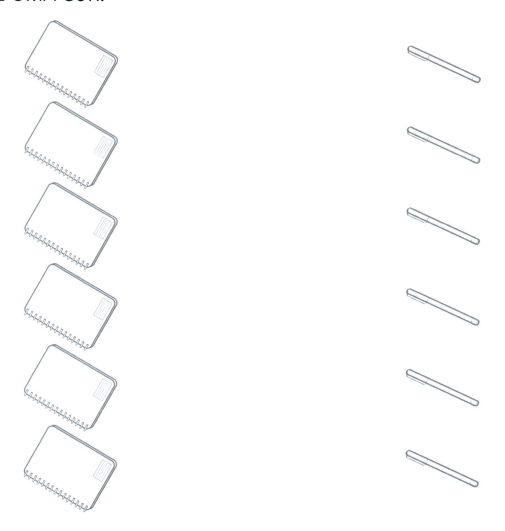

3 PINTE DE **AMARELO** O GRUPO QUE TEM MAIS BEXIGAS E DE **VERMELHO** O QUE TEM MENOS.

4 PINTE DA MESMA COR OS DADOS COM A MESMA QUANTIDADE DE PONTOS.

5. NÚMEROS: QUANTIDADES E CÓDIGOS

1 PINTE A QUANTIDADE DE 🐳 DE ACORDO COM O NÚMERO INDICADO NO QUADRO.

2 – DOIS
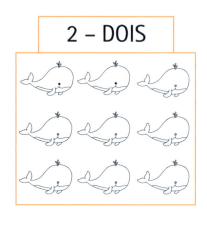

4 – QUATRO
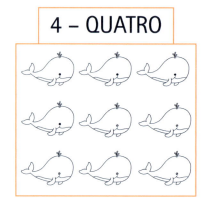

6 – SEIS
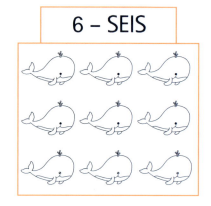

3 – TRÊS
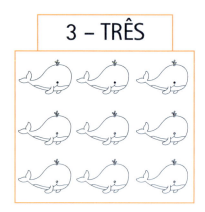

1 – UM
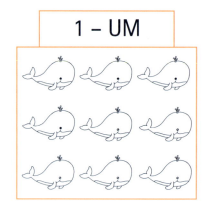

5 – CINCO
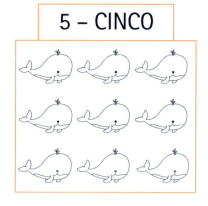

2 PINTE OS QUADRINHOS, DA ESQUERDA PARA A DIREITA, DE ACORDO COM O NÚMERO INDICADO AO LADO DE CADA BARRA.

4 →

5 →

6 →

7 →

8 →

3 ESCREVA O NÚMERO QUE REPRESENTA A QUANTIDADE DE AVES EM CADA CENA.

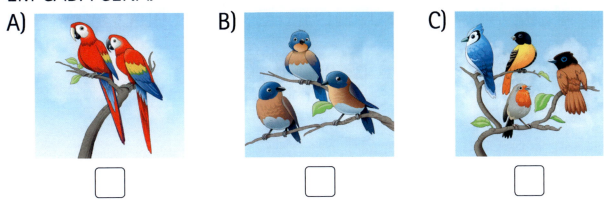

4 ESCOLHA UMA COR PARA CADA CÓDIGO NUMÉRICO. DEPOIS, PINTE A BORBOLETA DE ACORDO COM ESSE CÓDIGO.

6. ESCRITA DOS NÚMEROS

1 ESCREVA OS NÚMEROS SEGUINDO A LINHA TRACEJADA.

A)

B)

C)

D)

E)

F)

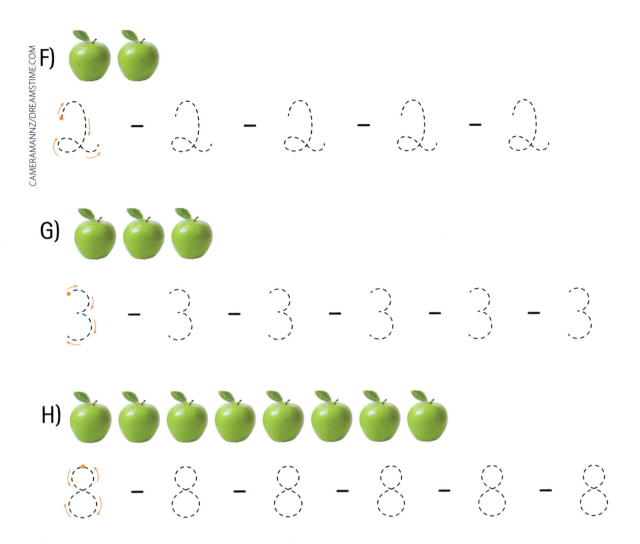

G)

H)

2 LIGUE OS PONTOS PARA COMPLETAR O DESENHO. COMECE PELO NÚMERO 1 E TERMINE NO NÚMERO 9. DEPOIS DE COMPLETAR, PINTE O DESENHO.

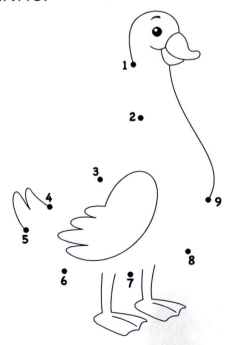

7. CALENDÁRIO

1 NO DIAGRAMA DE PALAVRAS, ENCONTRE O NOME DOS MESES DO ANO INDICADOS NO QUADRO A SEGUIR.

JANEIRO	FEVEREIRO	MARÇO	ABRIL
MAIO	JUNHO	JULHO	AGOSTO
SETEMBRO	OUTUBRO	NOVEMBRO	DEZEMBRO

LEMBRE-SE DE QUE ELES PODEM APARECER ESCRITOS DA ESQUERDA PARA A DIREITA E DE CIMA PARA BAIXO.

```
A M V I N S Q A G O S T O O D
G A D G Ç A S E R G V Y H G E
T R E T E O U T U B R O R W Z
R Ç F H R E T W S D B N J E E
J O R N F E V E R E I R O R M
H D Z D Ç J A S T S R B F Ç B
O E R S O D R J L E Q G H O R
L J A N E I R O O T I C V E O
J B H A B R T E M E S E T E M
A V A B R I L H   M M M A I O
N C W H J L H O P B N V E M B
E N I J K L O P R R D C A S Q
U D J U N H O O I O J Y T R D
T J E R O S E T A V J U L H O
N O V E M B R O H L O Q A X B
```

20

2 MARQUE COM UM **X** O DIA DA SEMANA QUE RESPONDE A CADA PERGUNTA.

A) HOJE É SEGUNDA-FEIRA. QUAL DIA DA SEMANA SERÁ AMANHÃ?

☐ TERÇA-FEIRA ☐ SEXTA-FEIRA

☐ QUARTA-FEIRA ☐ SÁBADO

☐ QUINTA-FEIRA ☐ DOMINGO

B) AMANHÃ SERÁ SÁBADO. QUAL DIA DA SEMANA É HOJE?

☐ TERÇA-FEIRA ☐ SEXTA-FEIRA

☐ QUARTA-FEIRA ☐ SEGUNDA-FEIRA

☐ QUINTA-FEIRA ☐ DOMINGO

C) HOJE É TERÇA-FEIRA. QUAL DIA DA SEMANA SERÁ DEPOIS DE AMANHÃ?

☐ SEGUNDA-FEIRA ☐ SEXTA-FEIRA

☐ QUARTA-FEIRA ☐ SÁBADO

☐ QUINTA-FEIRA ☐ DOMINGO

D) AMANHÃ SERÁ SEGUNDA-FEIRA. QUAL DIA DA SEMANA FOI ONTEM?

☐ SEGUNDA-FEIRA ☐ QUINTA-FEIRA

☐ TERÇA-FEIRA ☐ SEXTA-FEIRA

☐ QUARTA-FEIRA ☐ SÁBADO

3 A CADA MÊS DO ANO ASSOCIAMOS UM NÚMERO. LIGUE CADA MÊS AO NÚMERO CORRESPONDENTE À ORDEM DELES NO ANO. VEJA O EXEMPLO.

JANEIRO	4	6	FEVEREIRO
DEZEMBRO	10	2	NOVEMBRO
ABRIL	7	3	JUNHO
JULHO	1	11	MARÇO
OUTUBRO	5	8	SETEMBRO
MAIO	12	9	AGOSTO

8. NÚMEROS ORDINAIS

1 ESCREVA OS NÚMEROS ORDINAIS CONFORME INDICADO.

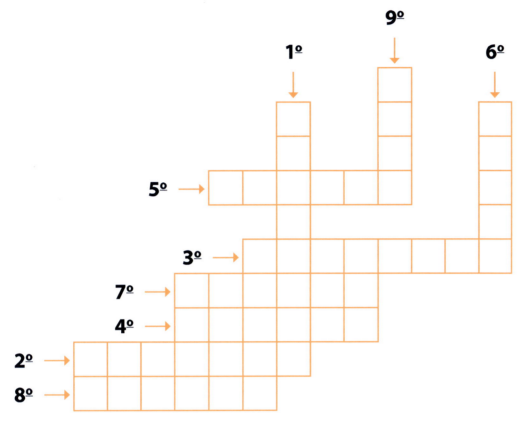

2 PINTE OS VAGÕES DE ACORDO COM O CÓDIGOS DE CORES.

🖍 1º VAGÃO DEPOIS DA LOCOMOTIVA

🖍 6º VAGÃO DEPOIS DA LOCOMOTIVA

🖍 4º VAGÃO DEPOIS DA LOCOMOTIVA

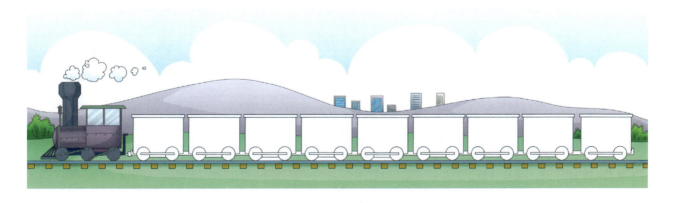

3 OBSERVE A FOLHA DO CALENDÁRIO A SEGUIR, REFERENTE AO MÊS DE JANEIRO.

Janeiro 2020						
Segunda	Terça	Quarta	Quinta	Sexta	Sábado	Domingo
		1	2	3	4	5
6	7	8	9	10	11	12
13	14	15	16	17	18	19
20	21	22	23	24	25	26
27	28	29	30	31		

MARQUE COM UM **X**:

A) O DIA DA SEMANA CORRESPONDENTE AO PRIMEIRO DIA DO MÊS.

☐ DOMINGO ☐ SEGUNDA-FEIRA ☐ TERÇA-FEIRA

☐ QUARTA-FEIRA ☐ QUINTA-FEIRA ☐ SEXTA-FEIRA

☐ SÁBADO

B) O DIA DA SEMANA CORRESPONDENTE AO ÚLTIMO DIA DO MÊS.

☐ DOMINGO ☐ SEGUNDA-FEIRA ☐ TERÇA-FEIRA

☐ QUARTA-FEIRA ☐ QUINTA-FEIRA ☐ SEXTA-FEIRA

☐ SÁBADO

4 OBSERVE A ORDEM DAS LETRAS DE NOSSO ALFABETO E COMPLETE AS FRASES.

A	B	C	D	E	F	G	H	I	J	K	L	M
N	O	P	Q	R	S	T	U	V	W	X	Y	Z

A) A 7ª LETRA DO ALFABETO É: _____.

B) A 9ª LETRA DO ALFABETO É: _____.

C) A 4ª LETRA DO ALFABETO É: _____.

NOÇÕES DE GEOMETRIA

9. FIGURAS GEOMÉTRICAS

10. FIGURAS GEOMÉTRICAS PLANAS

9. FIGURAS GEOMÉTRICAS

1 MARQUE COM UM **X** AS FIGURAS GEOMÉTRICAS QUE TÊM PONTAS.

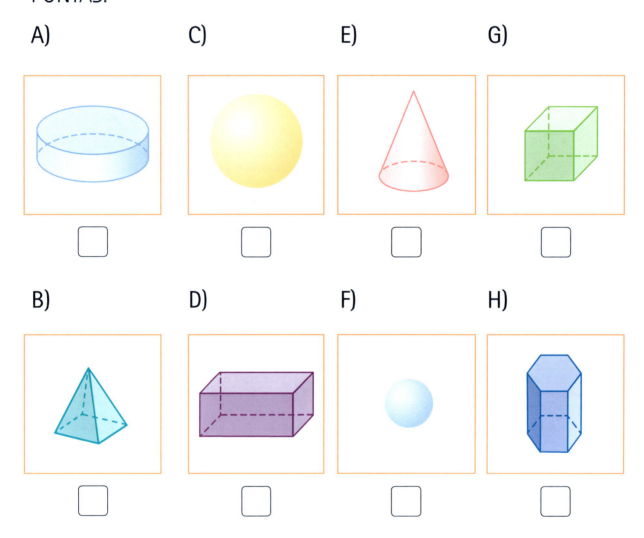

2 PINTE DE **VERMELHO** A FIGURA QUE TEM A MESMA FORMA QUE UM DADO.

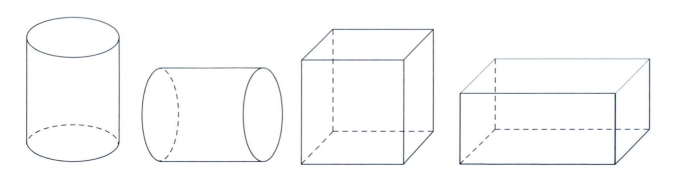

3. A FIGURA A SEGUIR É FORMADA POR CUBOS DE MESMO TAMANHO.

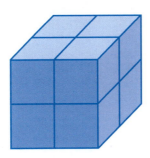

RESPONDA:
QUANTOS CUBOS FORMAM A FIGURA?
_____

4. LIGUE CADA FIGURA GEOMÉTRICA A SEU NOME.

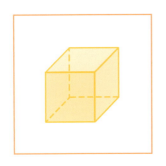   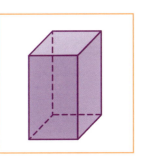

PARALELEPÍPEDO   CILINDRO   CUBO   ESFERA

5. QUANTOS CUBOS AINDA PRECISAM SER COLOCADOS PARA COBRIR A MALHA QUADRICULADA?

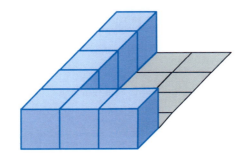

RESPOSTA: _____ CUBOS.

6 ESTE É O ROBÔ GEOMETRIQUE! ELE É FORMADO APENAS POR QUADRADOS E RETÂNGULOS. VAMOS COLORI-LO DE ACORDO COM O CÓDIGO DE CORES A SEGUIR?

 QUADRADOS  RETÂNGULOS

7 MARQUE COM UM **X** A FORMA PARECIDA COM A DA TAMPA DE UMA PANELA.

8 ENCONTRE O NOME DAS FIGURAS GEOMÉTRICAS NO DIAGRAMA DE PALAVRAS A SEGUIR.

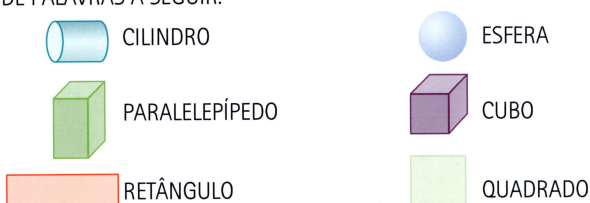

C	P	C	I	L	S	C	V	Í	E	D	O	C	U	B
P	A	R	A	L	E	L	E	P	Í	P	E	D	O	R
F	R	J	H	G	D	A	Q	W	Y	H	N	M	L	U
U	A	V	Â	S	F	G	Q	U	H	C	C	Z	V	J
O	L	F	F	D	Y	T	R	E	I	I	Q	U	N	H
R	E	T	Â	N	G	U	L	O	H	L	N	Â	V	L
P	L	D	M	V	L	O	Q	S	U	I	F	R	F	O
M	I	F	F	G	Q	H	F	Q	C	N	G	N	H	P
A	U	H	G	V	U	B	N	U	M	D	R	F	U	H
F	T	E	C	U	A	N	R	A	A	R	D	L	L	N
C	U	B	O	E	D	R	A	D	O	O	H	I	R	A
I	I	R	T	Q	R	E	R	R	S	F	G	N	O	S
H	T	R	I	Â	A	F	G	A	E	S	F	E	R	A
B	E	G	R	H	D	Q	U	E	S	F	R	A	S	F
N	S	F	E	R	O	W	D	Q	S	A	Q	C	U	B

10. FIGURAS GEOMÉTRICAS PLANAS

1 OBSERVE AS FORMAS E AS CORES NA FIGURA ABAIXO:

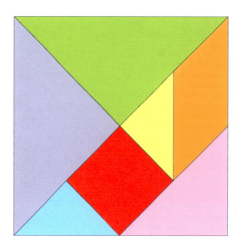

OS DESENHOS A SEGUIR FORAM CONSTRUÍDOS COM AS MESMAS FORMAS QUE COMPÕEM A FIGURA ACIMA. PINTE AS PEÇAS QUE TÊM FORMA E TAMANHO IGUAIS ÀS DA FIGURA ORIGINAL COM AS CORES CORRESPONDENTES.

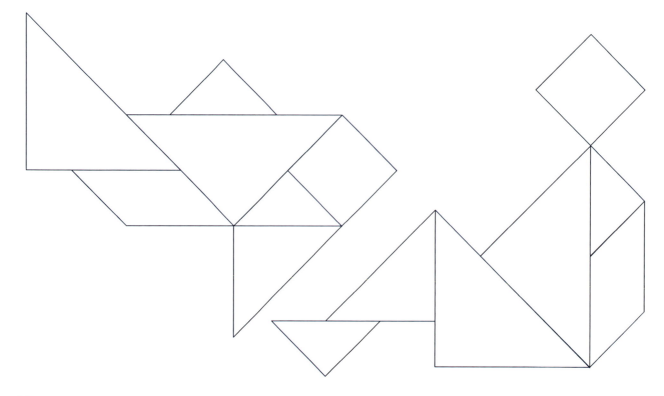

2 OBSERVE O DESENHO FORMADO POR QUADRADOS.

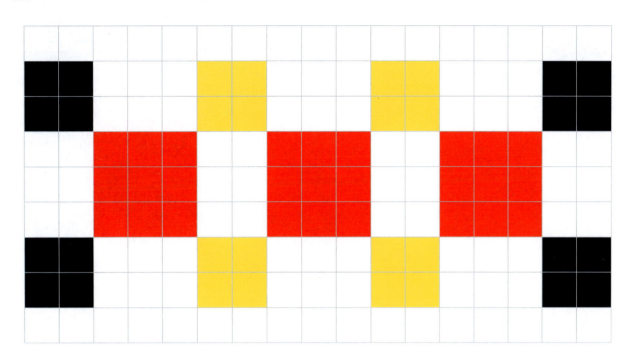

NA MALHA QUADRICULADA A SEGUIR CRIE UMA FIGURA FORMADA APENAS POR RETÂNGULOS COLORIDOS.

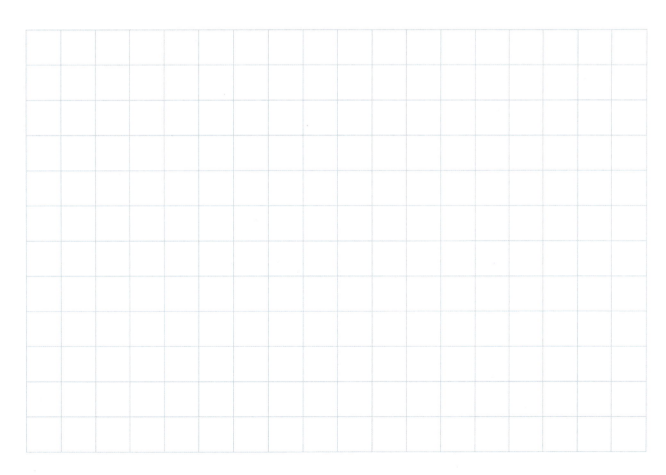

ADIÇÃO E SUBTRAÇÃO

11. SEQUÊNCIAS NUMÉRICAS

12. MAIS NÚMEROS

13. ADIÇÃO

14. SUBTRAÇÃO

15. ADICIONANDO E SUBTRAINDO

11. SEQUÊNCIAS NUMÉRICAS

1 LIGUE OS PONTOS A SEGUIR PARA DESCOBRIR O QUE FOI DESENHADO. COMECE NO NÚMERO 1 E TERMINE NO 31.

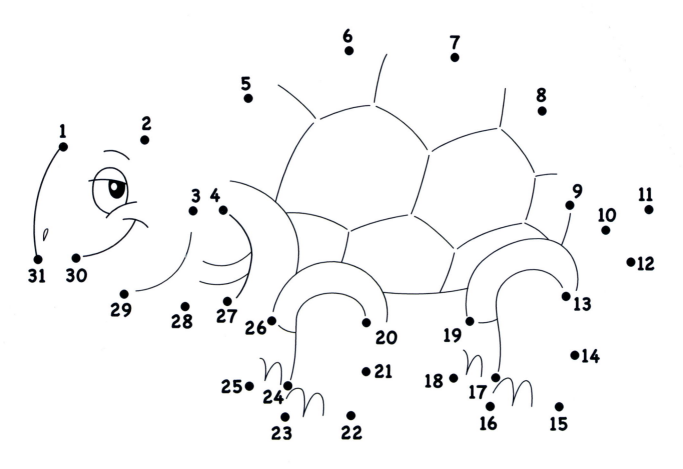

FOI DESENHADA UMA _____.

2 EM RELAÇÃO AOS NÚMEROS DA ATIVIDADE ANTERIOR, RESPONDA:

A) QUAL É O MENOR NÚMERO? _____

B) QUAL NÚMERO VEM IMEDIATAMENTE ANTES DO NÚMERO 10?
_____

C) QUAL NÚMERO VEM IMEDIATAMENTE DEPOIS DO NÚMERO 7?
_____

3 ESCREVA OS NÚMEROS DE 1 A 10 SEGUINDO A LINHA TRACEJADA.

1 2 3 4 5 6 7 8 9 10

4 OBSERVE A SEQUÊNCIA NUMÉRICA A SEGUIR.

0   2   4   6   8   10

1   3   5   7   9

AGORA COMPLETE AS FRASES:

A) OS NÚMEROS DA SEQUÊNCIA AUMENTAM DE _____ EM _____.

B) OS NÚMEROS DA SEQUÊNCIA EM AZUL AUMENTAM DE _____ EM _____.

C) OS NÚMEROS DA SEQUÊNCIA EM LARANJA AUMENTAM DE _____ EM _____.

5 COMPLETE A SEQUÊNCIA DOS NÚMEROS.

1				5	6	7		9		11

6 PINTE OS NÚMEROS DAS CAMISAS DOS JOGADORES DO TIME DA ESCOLA.

12. MAIS NÚMEROS

1 NO QUADRO A SEGUIR ESTÃO OS NÚMEROS DE 1 A 31.

1	2	3	4	5	6	7	8	9	10
11	12	13	14	15	16	17	18	19	20
21	22	23	24	25	26	27	28	29	30
31									

A) PINTE DE **VERMELHO** OS NÚMEROS QUE ESTÃO ENTRE 11 E 21.

B) PINTE DE **AMARELO** OS NÚMEROS QUE VÊM DEPOIS DO 22.

C) PINTE DE **VERDE** O NÚMERO 10, O NÚMERO QUE VEM IMEDIATAMENTE ANTES DELE E O NÚMERO QUE VEM IMEDIATAMENTE DEPOIS DELE.

2 EM RELAÇÃO AO QUADRO DA ATIVIDADE ANTERIOR, RESPONDA:

A) QUAL NÚMERO REPRESENTA O DIA DE SEU ANIVERSÁRIO?

_____

B) QUAL NÚMERO VEM IMEDIATAMENTE ANTES DO NÚMERO QUE REPRESENTA SUA IDADE? _____

C) E QUAL NÚMERO VEM IMEDIATAMENTE DEPOIS DO NÚMERO QUE REPRESENTA SUA IDADE? _____

3 ESCREVA POR EXTENSO OS NÚMEROS A SEGUIR.

A) 22: _____

B) 28: _____

C) 17: _____

D) 13: _____

E) 31: _____

F) 20: _____

4 COMPLETE O ESQUEMA COM OS NÚMEROS QUE FALTAM.

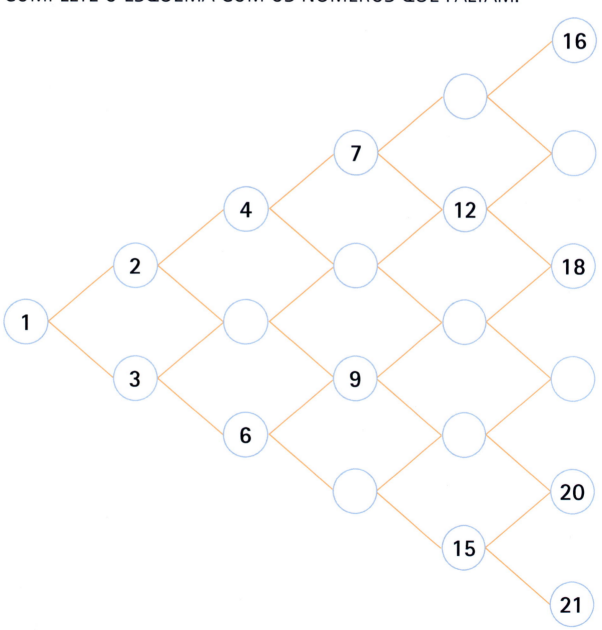

5. INDIQUE A QUANTIDADE DE QUADRINHOS DE CADA COR.

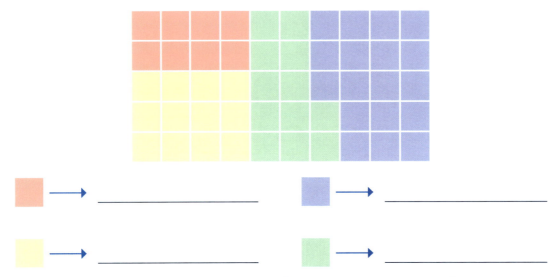

6. OBSERVE A CENA E PINTE OS NÚMEROS QUE VOCÊ ENCONTRAR.

AGORA ESCREVA, NOS QUADROS ABAIXO, OS NÚMEROS QUE VOCÊ ENCONTROU COLOCANDO-OS NA SEQUÊNCIA CORRETA.

13. ADIÇÃO

1 OBSERVE A ADIÇÃO INDICADA EM CADA ITEM E PINTE AS TIRINHAS USANDO DUAS CORES DIFERENTES.

EXEMPLO:

1 MAIS 8 É IGUAL A 9

A) 2 MAIS 7 É IGUAL A 9

B) 3 MAIS 6 É IGUAL A 9

C) 4 MAIS 5 É IGUAL A 9

D) 5 MAIS 4 É IGUAL A 9

E) 6 MAIS 3 É IGUAL A 9

F) 7 MAIS 2 É IGUAL A 9

G) 8 MAIS 1 É IGUAL A 9

2 COMPLETE:

A) 1 MAIS _____ É IGUAL A 9

B) 2 MAIS _____ É IGUAL A 9

C) 3 MAIS _____ É IGUAL A 9

D) 4 MAIS _____ É IGUAL A 9

E) 5 MAIS _____ É IGUAL A 9

F) 6 MAIS _____ É IGUAL A 9

G) 7 MAIS _____ É IGUAL A 9

H) 8 MAIS _____ É IGUAL A 9

LIGUE OS DADOS COM O TOTAL DE PONTOS.

A)

5 PONTOS

B)

8 PONTOS

C)

9 PONTOS

D)

6 PONTOS

E)

7 PONTOS

COMPLETE AS ADIÇÕES.

A) 1 + 2 = _____

B) 3 + 3 = _____

C) 4 + 1 = _____

D) 8 + 1 = _____

E) 3 + 4 = _____

F) 4 + 0 = _____

G) 5 + 3 = _____

H) 7 + 2 = _____

5 PINTE OS BALÕES DE ACORDO COM O CÓDIGO DE CORES A SEGUIR.

- RESULTADO 4
- RESULTADO 5
- RESULTADO 6
- RESULTADO 7
- RESULTADO 8
- RESULTADO 9

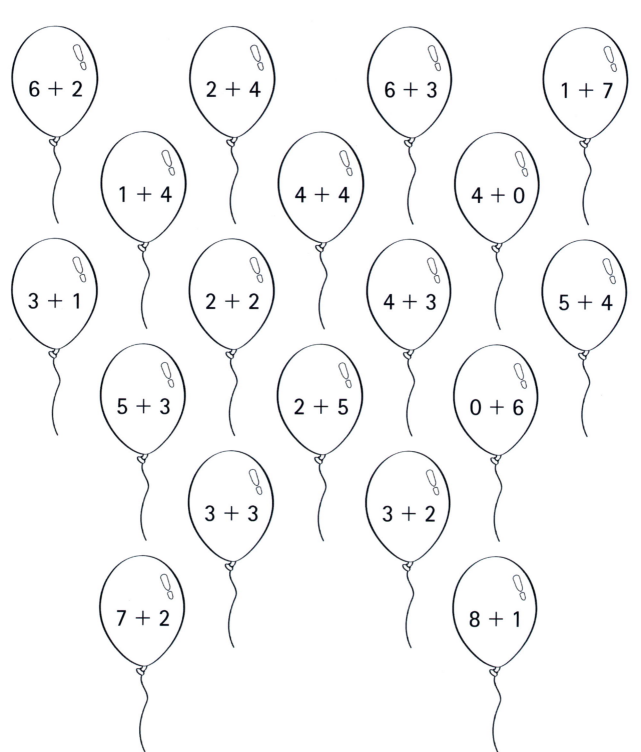

14. SUBTRAÇÃO

1 OBSERVE A CENA A SEGUIR E RESPONDA ÀS QUESTÕES.

A) QUAL É O NÚMERO DE CRIANÇAS? _____

B) QUAL É O NÚMERO DE CADEIRAS? _____

C) QUANTAS CRIANÇAS HÁ A MAIS DO QUE CADEIRAS? _____

2 PINTE 4 BALÕES DE **VERMELHO** E 6 BALÕES DE **AZUL**.

AGORA RESPONDA:

A) VOCÊ PINTOU TODOS OS BALÕES? _____

B) PINTOU MAIS BALÕES DE AZUL OU MAIS DE VERMELHO?
_____

C) QUANTOS A MAIS? _____

3 COMPLETE AS FRASES.

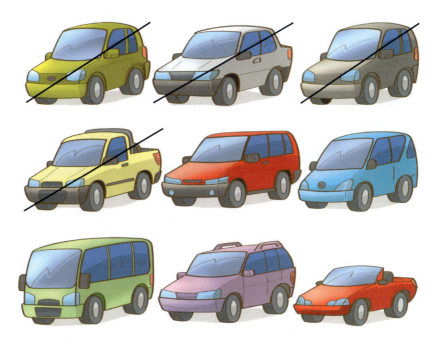

A) NA IMAGEM APARECEM _____ CARRINHOS.

B) FORAM RISCADOS _____ CARRINHOS.

C) SOBRARAM _____ CARRINHOS.

D) SE, DE 9 CARRINHOS, TIRARMOS _____, SOBRAM _____ CARRINHOS.

4 OBSERVE AS TIRINHAS E COMPLETE AS FRASES.

TIRINHA **A**

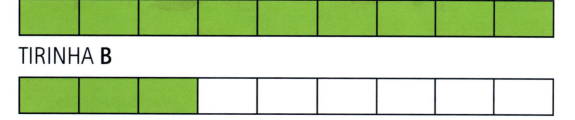

TIRINHA **B**

A) A TIRINHA **A** TEM _____ QUADRINHOS COLORIDOS A MAIS DO QUE A TIRINHA **B**.

B) FALTAM COLORIR _____ QUADRINHOS NA TIRINHA **B** PARA ELA FICAR IGUAL À TIRINHA **A**.

C) _____ MENOS _____ É IGUAL A 6

5 COMPLETE COM OS RESULTADOS.

A) $8 - 3 =$ _____   E) $4 - 0 =$ _____

B) $9 - 2 =$ _____   F) $6 - 5 =$ _____

C) $5 - 5 =$ _____   G) $9 - 8 =$ _____

D) $7 - 4 =$ _____   H) $3 - 1 =$ _____

6 FAÇA UM DESENHO QUE REPRESENTE A SUBTRAÇÃO $8 - 5 = 3$.

7 RESPONDA.

A) TENHO 5 ANOS. DAQUI A QUANTOS ANOS A MINHA IDADE SERÁ 8 ANOS? _____

B) EM MINHA SALA DE AULA HÁ 4 MENINOS E 8 MENINAS. QUANTAS MENINAS HÁ A MAIS DO QUE MENINOS? _____

C) DEI 5 REAIS PARA PAGAR UM LANCHE DE 3 REAIS. DE QUANTO É O TROCO? _____

15. ADICIONANDO E SUBTRAINDO

1 COMPLETE COM OS RESULTADOS.

A) 1 + 7 = _____

B) 9 − 5 = _____

C) 3 + 4 = _____

D) 7 − 1 = _____

E) 4 + 4 = _____

F) 9 − 9 = _____

G) 5 + 5 = _____

H) 10 − 6 = _____

2 ESCREVA UMA ADIÇÃO PARA REPRESENTAR O TOTAL DE PONTOS DE CADA PEÇA DE DOMINÓ A SEGUIR.

A)  → _____ + _____ = _____

B)  → _____ + _____ = _____

C)  → _____ + _____ = _____

D)  → _____ + _____ = _____

E)  → _____ + _____ = _____

F)  → _____ + _____ = _____

G)  → _____ + _____ = _____

3 ESCREVA UMA SUBTRAÇÃO PARA REPRESENTAR A DIFERENÇA DE PONTOS EM CADA PEÇA DE DOMINÓ.

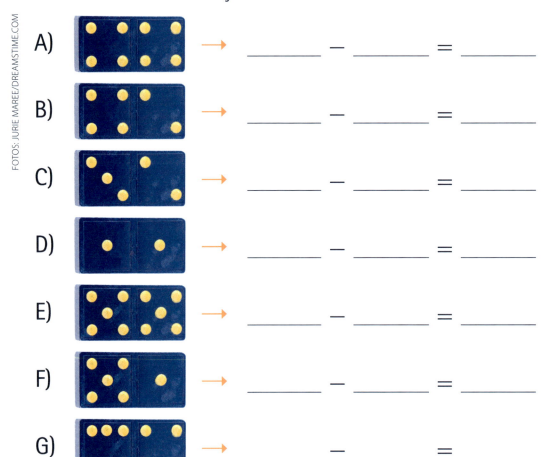

A) _____ − _____ = _____

B) _____ − _____ = _____

C) _____ − _____ = _____

D) _____ − _____ = _____

E) _____ − _____ = _____

F) _____ − _____ = _____

G) _____ − _____ = _____

4 CADA SEQUÊNCIA TEM UM SEGREDO. DESCUBRA QUAL É E COMPLETE-AS.

A)

B)

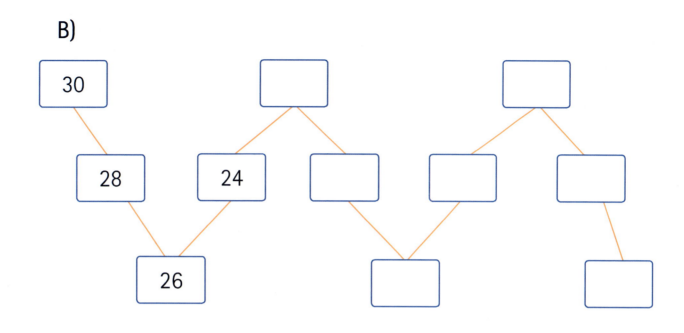

5) RESOLVA OS SEGUINTES PROBLEMAS.

A) EM UMA BRINCADEIRA HAVIA 4 CRIANÇAS. DEPOIS CHEGARAM MAIS 3 CRIANÇAS. QUANTAS CRIANÇAS ESTÃO NA BRINCADEIRA?

RESPOSTA: _____

B) EU TINHA UMA CÉDULA DE 5 REAIS E GANHEI TRÊS MOEDAS DE 1 REAL. QUANTOS REAIS EU TENHO?

RESPOSTA: _____

C) MARCOS CONSEGUIU 10 PONTOS NUMA BRINCADEIRA, ENQUANTO MARTA CONSEGUIU APENAS 5. QUANTOS PONTOS MARCOS CONSEGUIU A MAIS QUE MARTA?

RESPOSTA: _____

GEOMETRIA

16. FIGURAS GEOMÉTRICAS NÃO PLANAS

17. COMPOSIÇÃO DE FIGURAS GEOMÉTRICAS PLANAS

16. FIGURAS GEOMÉTRICAS NÃO PLANAS

1 PINTE DA MESMA COR AS FIGURAS COM FORMAS GEOMÉTRICAS IGUAIS.

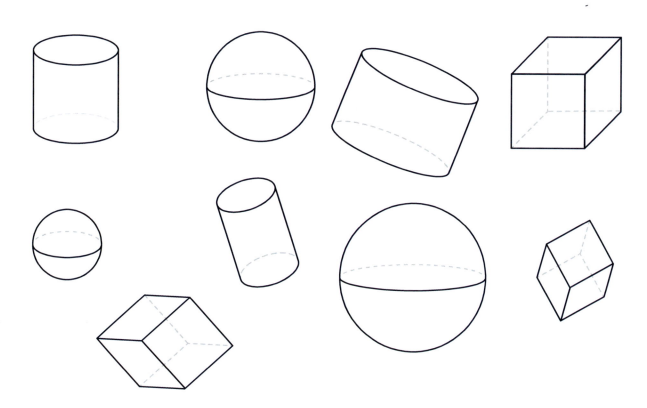

2 QUANTOS CUBOS FORMAM O PARALELEPÍPEDO A SEGUIR?

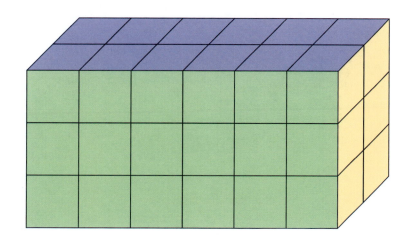

RESPOSTA: _____

3 ESCREVA O NOME DAS FIGURAS GEOMÉTRICAS A SEGUIR.

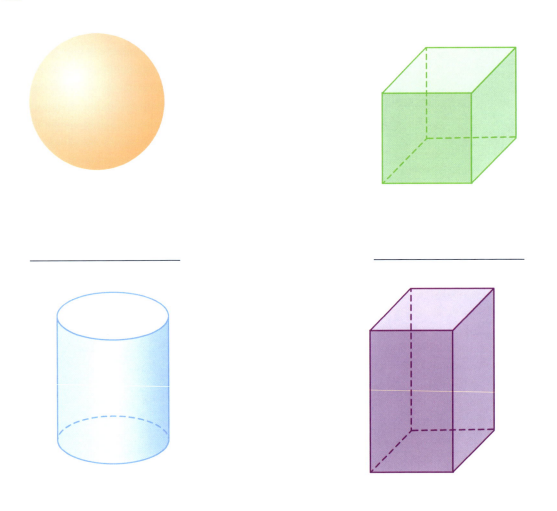

4 QUANTOS CILINDROS FORMAM A FIGURA ABAIXO?

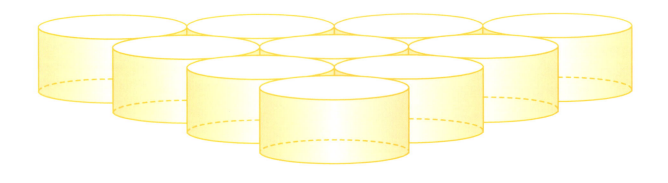

RESPOSTA: _____

5 O PARALELEPÍPEDO A SEGUIR É FORMADO POR CUBOS. PINTE-O USANDO UMA COR DIFERENTE EM CADA FACE E DEPOIS RESPONDA À QUESTÃO.

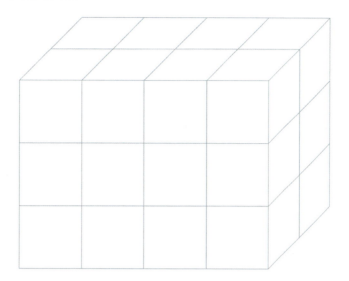

QUANTOS CUBOS FORMAM ESSE PARALELEPÍPEDO? _____

6 O CUBO A SEGUIR É FORMADO POR CUBOS MENORES. PINTANDO-O COM TRÊS CORES, ELE FICARÁ PARECIDO COM UM CUBO MÁGICO MONTADO.

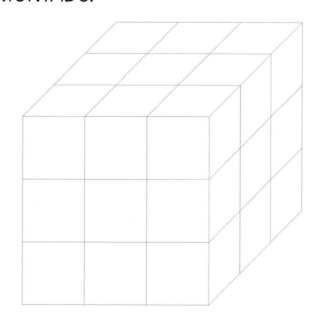

AGORA RESPONDA:
QUANTOS CUBOS MENORES FORMAM ESSE CUBO MÁGICO?

17. COMPOSIÇÃO DE FIGURAS GEOMÉTRICAS PLANAS

1 A FIGURA A SEGUIR É FORMADA POR TRIÂNGULOS E QUADRADOS. PINTE-A DE ACORDO COM O CÓDIGO DE CORES.

 TRIÂNGULOS   QUADRADOS

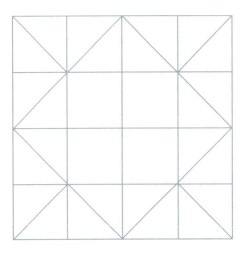

2 ESCOLHA DUAS CORES PARA OS QUADRADOS E DUAS CORES DIFERENTES PARA OS TRIÂNGULOS. DEPOIS, PINTE AS FIGURAS A SEGUIR.

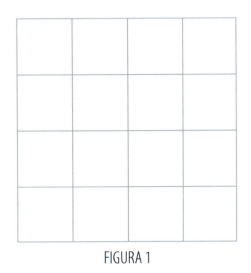
FIGURA 1

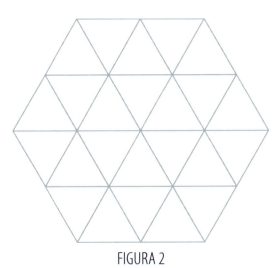
FIGURA 2

AGORA RESPONDA ÀS QUESTÕES:

A) QUANTOS QUADRADOS FORMAM A FIGURA 1? _____

B) QUANTOS TRIÂNGULOS FORMAM A FIGURA 2? _____

3 DESENHE UM RETÂNGULO E UM QUADRADO NA MALHA QUADRICULADA A SEGUIR.

4 OBSERVE COMO FOI PINTADA A FIGURA ABAIXO.

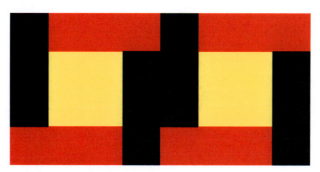

- ESCOLHA TRÊS CORES E PINTE A FIGURA A SEGUIR DO MESMO MODO.

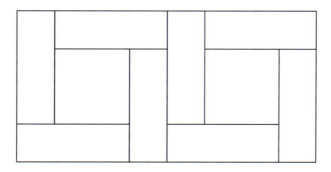

5 NA MALHA PONTILHADA ABAIXO FORAM DESENHADOS TRÊS TRIÂNGULOS.

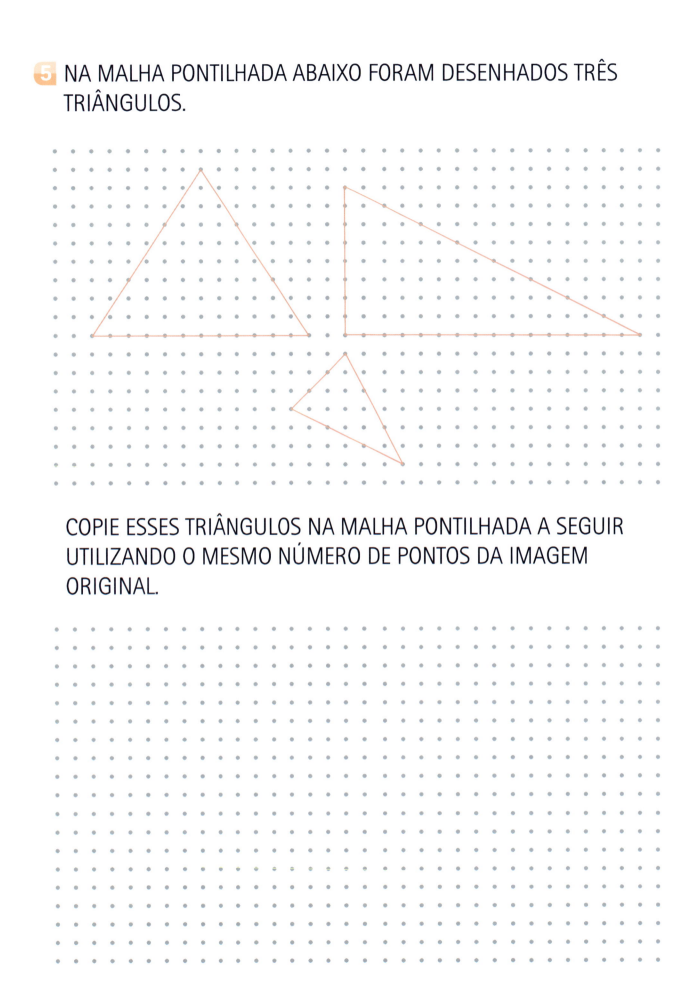

COPIE ESSES TRIÂNGULOS NA MALHA PONTILHADA A SEGUIR UTILIZANDO O MESMO NÚMERO DE PONTOS DA IMAGEM ORIGINAL.

NÚMEROS E MEDIDAS

18. AGRUPAMENTOS
19. GRUPOS DE DEZ
20. NOÇÕES DE MEDIDAS

18. AGRUPAMENTOS

1 OBSERVE AS QUANTIAS EM REAIS QUE JÚLIA E LUCAS POSSUEM.

JÚLIA   LUCAS

RESPONDA:

A) JÚLIA TEM QUANTAS MOEDAS DE 1 REAL? _____

B) LUCAS TEM QUANTAS CÉDULAS DE 10 REAIS? _____

C) QUANTOS REAIS TEM CADA UM DELES? _____

2 OBSERVE COMO AS ESTRELINHAS A SEGUIR FORAM AGRUPADAS.

RESPONDA:

A) QUANTAS ESTRELINHAS HÁ EM CADA GRUPO? _____

B) QUANTOS GRUPOS FORAM FORMADOS? _____

3 FORME GRUPOS COM 4 BONECOS CADA.

- AGORA COMPLETE:

FORMEI _____ GRUPOS COM 4 BONECOS CADA E SOBRARAM _____ BONECOS.

4 FORME GRUPOS COM 5 BONECOS CADA.

- AGORA COMPLETE:

FORMEI _____ GRUPOS COM 5 BONECOS CADA E SOBRARAM _____ BONECOS.

5 OBSERVE O QUADRO DE LETRAS E RESPONDA ÀS QUESTÕES.

A	B	B	C	C	D	D
E	E	D	D	C	D	B
C	E	E	A	C	E	E
C	E	E	D	A	E	B
C	B	B	D	D	A	E

A) QUANTAS VEZES APARECE A LETRA **A**? _____

B) QUANTAS VEZES APARECE A LETRA **B**? _____

C) QUANTAS VEZES APARECE A LETRA **C**? _____

D) QUANTAS VEZES APARECE A LETRA **D**? _____

E) QUANTAS VEZES APARECE A LETRA **E**? _____

6 RESOLVA OS PROBLEMAS A SEGUIR.

A) QUANTAS CÉDULAS DE 2 REAIS PRECISO JUNTAR PARA TROCAR POR UMA CÉDULA DE 10 REAIS?

RESPOSTA: _____

B) QUANTOS GRUPOS COM 10 BOLINHAS DE TÊNIS CADA É POSSÍVEL FORMAR COM AS BOLINHAS A SEGUIR? SOBRAM BOLINHAS?

RESPOSTA: _____

19. GRUPOS DE DEZ

1 LIGUE AS CÉDULAS E MOEDAS AOS VALORES CORRESPONDENTES.

FOTOS: BANCO CENTRAL DO BRASIL

18
REAIS

14
REAIS

19
REAIS

15
REAIS

16
REAIS

17
REAIS

2 COMPLETE AS FRASES.

A) 2 GRUPOS DE 10 ABELHINHAS TÊM _____ ABELHINHAS

B) 3 GRUPOS DE 10 ABELHINHAS TÊM _____ ABELHINHAS

C) 4 GRUPOS DE 10 ABELHINHAS TÊM _____ ABELHINHAS

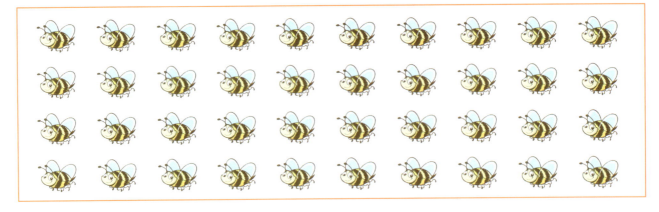

3 COMPLETE AS ADIÇÕES.

A) 10 + _____ = 19

B) 10 + _____ = 16

C) 10 + _____ = 18

D) 20 + _____ = 24

E) 20 + _____ = 23

F) 20 + _____ = 27

G) 30 + _____ = 31

H) 30 + _____ = 32

I) 30 + _____ = 35

J) 30 + _____ = 39

4 LIGUE OS PONTOS PARA FORMAR O DESENHO.

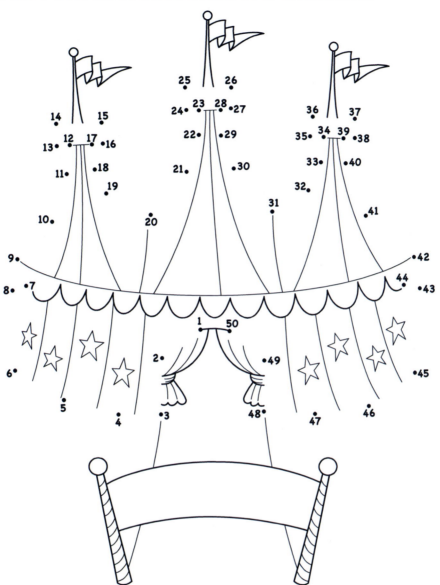

5 RESPONDA:

A) 2 CÉDULAS DE 10 REAIS PODEM SER TROCADAS POR QUANTAS MOEDAS DE 1 REAL? _____

B) 3 CÉDULAS DE 10 REAIS PODEM SER TROCADAS POR QUANTAS MOEDAS DE 1 REAL? _____

C) 4 CÉDULAS DE 10 REAIS PODEM SER TROCADAS POR QUANTAS MOEDAS DE 1 REAL? _____

D) 5 CÉDULAS DE 10 REAIS PODEM SER TROCADAS POR QUANTAS MOEDAS DE 1 REAL? _____

20. NOÇÕES DE MEDIDAS

1 PROCURE NO DIAGRAMA AS PALAVRAS QUE COMPLETAM ADEQUADAMENTE AS FRASES A SEGUIR.

A) COM UMA RÉGUA MEDIMOS O _____ DE UM OBJETO.

B) COM UMA BALANÇA MEDIMOS O "_____" DE UM ALIMENTO.

C) COM UM RELÓGIO MEDIMOS O _____.

D) A UNIDADE DE MEDIDA QUE APARECE NUMA RÉGUA É O _____.

E) SE NUMA JARRA CABE 1 LITRO DE SUCO, ESTAMOS MEDINDO SUA _____.

F) JOAQUIM FOI À FEIRA E COMPROU 2 _____ DE PERA, 5 _____ DE CORDA DE *NYLON* PARA VARAL E 3 _____ DE CALDO DE CANA.

A	C	E	Z	I	L	O	N	Q	U	L	I	S
M	E	C	A	D	C	E	G	I	C	O	R	Í
E	N	N	Q	U	I	L	O	S	A	H	A	S
T	T	E	N	L	H	C	I	E	P	M	L	C
F	Í	T	U	P	E	S	O	R	A	E	I	O
G	M	I	T	A	M	D	E	J	C	T	T	M
K	E	L	I	T	R	O	S	A	I	R	R	T
L	T	O	R	K	T	Í	E	V	D	O	S	E
I	R	B	O	F	O	L	O	P	A	S	A	M
V	O	N	S	A	M	I	G	Z	D	M	E	P
B	A	C	O	M	P	R	I	M	E	N	T	O

2 SOBRE AS MEDIDAS DE TEMPO, RESPONDA:

A) QUANTAS HORAS HÁ EM UM DIA?

_____

B) QUANTOS DIAS HÁ EM UMA SEMANA?

_____

C) EM QUE MÊS VOCÊ FAZ ANIVERSÁRIO? _____

D) QUANTOS MESES HÁ EM UM ANO? _____

E) QUANTOS DIAS TEM O MÊS DE JANEIRO? _____

3 OBSERVE A JARRA CHEIA DE SUCO E O COPO VAZIO. EM SEGUIDA, RESOLVA OS PROBLEMAS.

A) MARCOS TOMOU 4 COPOS CHEIOS DE SUCO E PERCEBEU QUE AINDA SOBROU METADE DA QUANTIA TOTAL DE SUCO NA JARRA. QUANTOS COPOS AINDA É POSSÍVEL ENCHER COM O QUE RESTOU?

RESPOSTA: _____

B) QUANTOS COPOS DE SUCO SÃO NECESSÁRIOS PARA ENCHER COMPLETAMENTE A JARRA?

RESPOSTA: _____

4 COMPLETE A RÉGUA COM OS NÚMEROS QUE FALTAM.

5 NA MALHA QUADRICULADA A SEGUIR CADA QUADRADINHO TEM 1 CENTÍMETRO DE LADO. DESENHE NESSA MALHA:

A) UM QUADRADO DE 2 CENTÍMETROS DE LADO;

B) UM QUADRADO DE 3 CENTÍMETROS DE LADO;

C) UM QUADRADO DE 4 CENTÍMETROS DE LADO.